GEDANKENPUZZLE

Ernst Merz

Der 1945 geborene Lyriker lebt seit 1993 in Pforzheim.
Von 1960 - 1962 war er als Volkskorrespondent für die
Lausitzer Rundschau tätig.
Seit Eintritt in den Ruhestand widmet sich der gelernte
Ingenieur-Pädagoge dem Schreiben von gereimten Ge-
dichten, tiefgründig, aber auch oftmals mit Humor an-
gereichert.
Seine Themen rollen nicht nur gesellschaftliche oder
gesellschaftspolitische Probleme auf, sondern beschrei-
ben auch gerne die Natur und die Liebe.
Im Jahr 2017 kam ein neuer Gedicht-Stil hinzu.

Ernst Merz hat neben seinen eigenen Büchern,
Veröffentlichungen in Zeitschriften und diversen
Anthologien.

www.goldstadt-autoren.de

GEDANKENPUZZLE

Lyrisches
Gedanken-Potpourri-Puzzle

Moderne
und klassische Gedichte,
Limericks und Drabbles

Bibliografische Information der Deutschen Nationalbibliothek: Die Deutsche Nationalbibliothek verzeichnet diese Publikation in der Deutschen Nationalbibliografie; detaillierte bibliografische Daten sind im Internet über http://dnb.dnb.de abrufbar.

Covercollage: Werner Noske, Bad Liebenzell
Covergestaltung und Satz: Claudia Konrad, Pforzheim

Herstellung und Verlag:
BoD – Books on Demand, Norderstedt

ISBN 978-3-7481-7210-9

Werner Noske - Ideen, Themen, Raster
Collage 1973

Dezemberblues

Bereit,
die Stille zu ertragen.
Sie schlich sich in mein Sein hinein,
der Lebensbaum,
er ist Vergangenheit.
Bin ganz allein
und wein.
In mir leis Stimmen sagen:
Entsteig dem Traum,
hör auf zu klagen,
lechz laut
nach neuer Lust.
Ergeben
liegt das Leben,
zu Füßen dir im Licht.
Dem Frust
wird jeder Spalt verbaut.
Genieß vom Glück,
so lang es reicht,
bis seicht,
die Stille von dir weicht,
schau nicht zurück.
Wirst seh'n,
die Einsamkeit verbleicht.

Balance

Duftgeschwängert zieht der Lenz ins Land,
würdevoll im Florabuntgewand,
Hand in Hand mit Taglichtdifferenz.
Frühjahrstiefgefühl schürt Liebesglut,
Wintergut schmilzt in der Sonnenflut,
schlängelnd fließt es sanft in Bächlein ein.
Diese plätschern unbekümmert froh dahin,
über Stock und Stein,
später reißend, vorerst ungefährlich, klein.
Jahresanfang feiert Neubeginn.
Selbst die Fauna ist zum Nachwuchssprung bereit,
erste Brut den Weg ins Leben fand,
im Stand, im Flug, als Kämpfer, absolut.
Nichts vermag die Traumidylle zu zerstören,
rundum friedlich weit und breit.
Leis nur raunen Winde, kaum zu hören,
stören nicht, betören.
Lauernd wartet eine Spinne,
hochsensibel ihre Sinne.
Kleininsekten im Gewimmel, Glockenferngebimmel,
hinter Schäfchenwolken thront der Stahlblauendlos-
himmel.
Eins mit der Natur,
sind Tiere, Wald und Flur.
Scheinbar fristenteilt in Trance,
ist das Leben in Balance,
Harmonie begleitet diese Frühjahrskur.

Aus Bildern entnommen

Das mich faszinierende Braun deiner Augen,
in sie sich zu saugen,
kommt einer Hypnose fast gleich.
So herzensgut weich, voller innerer Güte,
entsenden Iriden den Anflug von Scheu.
Auf Bildern, in reifender Blüte,
zeigst du dich als herzensgut, zartfühlend, treu.
Du liebst tiefe Liebe,
lebst ohne Erwartung,
in deiner ureigenen Art.
Lässt treiben dich gern mal im Großstadtgetriebe,
genießt, ohne Eile, den Spätsonnenschein.
Wer suchet, der findet,
dein Herz muss nicht suchen,
es öffnet sich schlossbefreit, wie von allein.
Kennst du nicht die Bauchrumor-Schmetterlingstriebe?
Wenn Liebe sich spiegelt,
dann wird sie dich buchen,
am Anfang sehr zart,
verhalten und smart,
es sei denn, du hast deine Seele verriegelt.

Beziehungshürden

Du ließest mir als Pech vom Anfangsglück,
allein das Puzzlescherbenspiel zurück.
Versuch es mühevoll zu kleben,
mit tiefer Liebe zu beleben
und ordne all die Teile Stück um Stück.
Ich will nicht klagen,
Beweggründe, sie selbstkritisch zu hinterfragen,
was brachte unser Haus zum Beben?
In Tagen voller Harmonie,
sah ich das nie,
was dich bedrückte, von mir entrückte.
Aus all den Trümmern,
werd ich die Einzelteile kitten und bitten,
entschwundenes Vertrauen aufzubauen,
lass es im Keimeszustand nicht verkümmern.
Es sollte uns gelingen,
zu meistern, all die Alltagsbürden,
verletzungsfrei Beziehungshürden
angstbefreit zu überspringen.
Ein Neubeginn, kein nachhaltiges Grollen.
Der Wille zählt, wenn beide wir ihn ernsthaft wollen.

Blindheit und Taubheit

Wer konnte es jemals erahnen,
dass endlos Mobilkarawanen,
seit Jahren,
bestehend aus Blech,
die Straßen zerfahren
und restlos verstopfen,
der Mutter Erde zum Pech.
Mit wenigen Wassertropfen,
statt Diesel,
zwar nicht wie ein Wiesel,
erreichten Kamelkarawanen ihr Ziel.
Ihr einstiger Treibstoff war Gras,
gar nicht viel,
das Endprodukt Dünger und Gas.
Verstandesgemäß muss gelingen,
ans rettende Ufer zu springen,
das Chaos der Neuzeit zu stoppen,
nicht länger die Zeit zu verbringen.
Doch Blindheit und Taubheit mutiert zum Tabu,
Verkehr ist am Floppen
und dessen Dichte nimmt permanent zu.
Die unbehend schleppende Wende
spricht Bände,
auf schmelzendem Eise steht weiter die Kuh.
Im Wandel verstreicht Jahr um Jahr,
bewusst wird der Menschheit gewahr,
Gefahr droht, wer dieses verneint
und meint,
lass mich mit der Umwelt in Ruh.

Blütenverzauberte Pracht

Verlockend, die Zartfarben wilden Oleanders,
sah nirgendwo anders,
ihn vielfarbig blühend am Straßenrand stehn,
schon Ende Oktober bereits im Vergehn.
Als üppige Sträucher gedeihen sie prächtig,
besonders in feuchtwarmen Auen,
in Andacht von nah zu beschauen,
ihr durstig Verlangen ist mächtig.
Die mediterranen Blüten versprechen
viel mehr, als ihr schillernder Schein.
Entsprechen dem enzianähnlichen Blütenbestand,
verbreitet im Land,
bringt tausende Sinne ins Wallen.
Ich sauge tiefatmend das Flair in mich ein,
bin längst seiner Scharmoffensive verfallen.
Er zeigt sich als Märchen in Prosa,
in Gelb und in Weiß,
Violett und in Rosa,
bis hin zu Tiefrot.
Der Spätherbst kann all diese Blüten
nicht ewiglich hüten,
wie vieles, sind sie bis zum nächsten Jahr tot.
Verlass, dies ansonsten recht kärgliche Land,
und reich Oleander symbolisch,
zum Teil melancholisch,
zum Abschied die Hand.

Bohrende Zweifel

Sag einer mir, was Liebesschmerz bedeutet,
wenn man aus Angst ein Tränenmeer vergeudet.
Ein Zug ins Glück, er kann so schnell entgleisen,
und Herzen gehen fremdgelockt auf Reisen.
Bin deiner Zuneigung mir nicht gewiss,
ich täglich, sogar stündlich, dich vermiss.
Mein Ich, mein Wertgefühl, es ist gestört,
kein Stoßgebet wird lautlos je gehört.
Komm tröste mich, sag mir, dass du mich liebst,
ein Leben lang mit mir zusammen bliebst.
Schon wenn du weg bist, mach ich mir Gedanken,
dein kühler Abschied bringt mich arg ins Schwanken.
Wär ich mir deiner Zuneigung gewiss
und dich nach kurzer Zeit nicht gleich vermiss,
wie homogen könnt die Beziehung sein.
Wer bleibt im Leben gerne schon allein?
Ich setz auf neues Werteselbstvertrauen,
versuch in Liebe Bindung aufzubauen.
Wenn wir uns trauen, lassen wir uns Trauen.

Buntschwund

Über seichte Wasserwogen,
thront ein satter Regenbogen.
Schwelgt in Farben, ungelogen,
ist im Nu davongezogen.
Was hatt ihn zur Flucht bewogen?
Ich frag Meteorologen,
haben sie bewusst gelogen
und Prognosen überzogen,
kurz darauf zurechtgebogen,
stehen sie gar unter Drogen?
Menschen fühlen sich betrogen.
Plötzlich fort, mein Regenbogen,
seh jetzt nur noch Wolkenwogen.

Des Herbstes Augenblicke

Schon liegt ein kalter Schatten auf der Sonnenuhr,
die Zeit drängt hin, zur Reife edler Früchte.
Der laue Herbstwind bremst des Winters Süchte,
aus Sommers Händen längst die Wärme fuhr.

Mit erstem Nachtfrost zieht die Süße in den Wein,
auf Hochtour läuft der Tierwelt Vorratssuche.
Beliebt sind Dreikanteckern einer Buche,
zum Sammeln lockt der letzte linde Sonnenschein.

In Bälde senkt das Jahr sich schneebedeckt ins Grab,
mit Bäumen ist der Sturm am Kräftemessen.
Jagt durch die engen Gassen wie besessen,
auf freiem Felde steigen Drachen auf und ab.

Die ersten Feuer lodern offen im Kamin,
es zieht verkürzt der Glutball seine Bahnen.
Verkohlter Holzgeruch lässt Abendkühle ahnen,
zu später Stund erglüht der Himmel als Rubin.

Die drei Grazien

Da stehen sie, als künstlerischer Akt,
des Zeus und Eurynomes Kinder.
Im Grunde sind sie unbekleidet nackt,
ein Tuch macht ihren Reiz nicht minder.

Die drei Chariten widerspiegeln Kunst,
kann deren Anmut gut erkennen.
Bei Göttern standen sie sehr hoch in Gunst,
sie durften Grazien sich nennen.

Vollkommen, jeder Einzelnen ihr Leib,
erotisch scheint das Bild der Frauen.
Das Trio animiert zum Zeitvertreib,
bekomme nicht genug vom Schauen.

Wünsch mir im Traume eine nur herbei,
würd für Erfüllung alles geben.
Ganz sicher kämen auch die andern zwei,
könnt ich den Ansturm überleben?

Mir scheint, mein Seelenfeuer rührt sie nicht,
muss diese Abfuhr eingestehen.
Zu später Stund erlischt das Kerzenlicht,
werd ohne Grazien zu Bette gehen.

Die Nacht der dunklen Mächte

Ein Mythos treibt sich um in der Walpurgisnacht,
es heißt, dass Hexen Schabernack betreiben.
Das Walpern ist nicht einfach zu beschreiben,
verbrannt wird durch ein Feuer aller Besen Macht.

Für Gruselstunden werden Streiche ausgedacht,
das ausgespähte Klientel zu foppen.
Das Ziel, die Vorjahreseleien toppen,
der Schalk wird tags darauf vom ganzen Dorf belacht.

Die Spötter stehen unter Generalverdacht,
der Hexenspuk hat viele um den Schlaf gebracht,
doch war die Feierlaune nicht zu stoppen.

Der Tanz am ersten Mai war nie ein Floppen,
dazu ein Trunk als Maienbowle-Schoppen,
geschmückt zeigt sich der Baum in bunter Pracht.

Dusel

Nach frischen Zwiebeln schälen,
mich furchtbar Tränen quälen,
sie rennen wie besessen,
direkt hinein ins Essen.
Dem Mund entweichen Düfte,
sie wabern durch die Lüfte,
schnell noch ein Bierchen trinken,
um nicht zu sehr zu stinken.
Sitz flott im Auto drinnen,
der Darm fängt an zu spinnen,
die Scheiben längst beschlagen,
vor mir ein Blaulichtwagen.
Ich werde angehalten,
muss jetzt die Ruh behalten,
das Fenster lass ich runter,
noch grinst *der* draußen munter.
Die Gasluft kann entweichen,
seh sein Gesicht erbleichen,
ich solle weiterfahren,
so konnt er Haltung wahren.
Lässt Bier sich denn noch messen,
nach reichlich Zwiebelessen?
Vor Rückfahrt Schnäpschen trinken,
noch mal wird *der* nicht winken.
Am Ziele angekommen,
fühl ich mich wie benommen.

Eindeutig zweideutig

Dem stattlichen Platzhirsch ist eigen das Röhren,
beeindruckt das Rudel durch Stärke und Macht.
Sein Testosteronrausch scheint nie aufzuhören,
befällt ihn schon morgens, bis spät in die Nacht.
Tritt kampferprobt mutig Rivalen entgegen,
er selbst, stetem Fremdgehtrieb machtlos erlegen.

Aus Neid lässt sein Damtier sich abseits begatten,
längst fällige Antwort auf Liebesverlust.
In Sprüngen zur Seite, die beide schon hatten,
vertreiben ihr Prachtexemplare den Frust.
Partout kommt ein Teilen für ihn nicht in Frage,
die Jungsporne werden zur lästigen Plage.

Mondän tritt zutage sein Großspurverhalten,
sucht weibliches Freiwild im Land, überall.
Der Kraftprotz kann gut situiert sich entfalten,
die Kälber belegen den Sittenverfall.
Im Gang majestätisch, potenzimponierend,
verdrängt ihn ein Jungbock vom Platz, wie frustrierend.

Feminine Fantasien

Fand einen Pilz, ein Prachtstück diese Kappe,
verdutzend einem Phallus gleich.
Sehr weich sein Stiel und druckempfindlich,
auch diese Länge, nicht gerad von Pappe.
Ein Hirngespinst, eine Attrappe?
Betrachtete ihn sinnlich voll Begier,
ein Déjàvubild zog mit ihm Vergleich.
Verwirrend dieser Kuppenteilbereich,
er fraß sich fest im Blickvisier.
Gewohnheitsmäßig griff ich nach dem Stängel.
Der Bengel irritierte mich,
ganz sicherlich,
schlug unrhythmisch mein Herz in Kapriolen.
Ein Ruck, ich hielt ihn in der Hand,
konnt mich vom Irrbild kaum erholen,
gefühlt war ich Alice im Wunderland.
Zu Haus entfernte ich die Pelle,
ganz auf die Schnelle,
im Pfannensud wurd klein der stramme Pilz.
Noch recht benommen von dem Fund,
nahm ich den Schmorling in den Mund.
Danach entspannte ich bei einem Pils.

Gedankenpuzzle

Ich suche im Gestern, such etwas vergebens,
find viele Fragmente vergangenen Lebens.
Muss dabei mit Altem mich ständig befassen,
ist weit mir entrückt schon – ich sollte es lassen.

Ich seh klar Erlebtes, was damals ich scheute,
man kanns nicht vergleichen, mit jetzt und dem Heute.
Die Zeiten sind besser, denk anders vielleicht,
kann glücklich mit dem sein, was ich so erreicht.

Und wieder erscheinen beim ständigen Grübeln,
die Wurzeln von früher, mit uralten Übeln.
Auch sie sind Verlauf des bisherigen Lebens,
sie prägten mein Ich und es war nichts vergebens.

Ich lebte und strebte, musst selber mich prüfen,
durchschritt dabei Höhen, genauso wie Tiefen.
Wo sind sie geblieben die glücklichen Tage,
was war so bewegend, stell ich mir die Frage.

Das Licht wirft am Tage bekanntlich auch Schatten,
kein einfaches Leben, was wir damals hatten.
Und doch wird das Schlechte viel schneller begraben,
es scheint mir, als wollt ich es selber so haben.

Mir kommen Gedanken, die qualvoll mich schmerzen,
sie schlummern, verweilen im pochenden Herzen.
Verschüttete Wehmut kommt hoch, steigt nach oben,
hab selbst gegen mich manchen Vorwurf erhoben.

Was soll daran schlecht sein, such weiter nach ihnen,
da stoß ich vielleicht noch auf ganz scharfe Minen.
Wer gibt mir die Antwort auf all meine Fragen?
Versuch es hier selbst, durch Erkenntnis zu sagen:

Natur ist uns Vorbild in vielen Varianten,
sie steckt voller Leben mit Ecken und Kanten.
Hält fest nicht an Fäule, lässt Neues gedeihen,
kann Frevel der Menschen in Würde verzeihen.

Geballte Ladung

Hans Guck-in-die-Luft ging im Städtchen flanieren,
bedacht darauf, dass alle Welt ihn auch sieht.
Er konnte sich kaum auf den Weg konzentrieren,
geschweige denn, was um ihn her so passiert.
Traf rempelnd beim Schlendern so manchen Passanten,
sah dabei sich weder nach links und rechts um.
Bemerkte zu spät einen Wasserhydranten,
der Schmerz war sehr heftig, grad unten herum.
Die Leute erschraken, sie konnten nicht fassen,
dass jemand den roten Hydranten gerammt.
Manch einer, der konnte das Lachen nicht lassen,
denn für solches Pech war der Hans stadtbekannt.
Beschämt zog er weiter, der Kreuzung entgegen,
sah wieder einmal nicht das leuchtende Rot.
Die Absicht, die Kreuzung zu queren, verwegen,
man zog ihn zurück, der Kerl wäre sonst tot.
Zu viel ist ihm heut auf dem Weg widerfahren,
denkt bei sich, ich kehre wohl besser gleich um.
Vor weiterem Übel wird Gott mich bewahren,
das Pech, mein Begleiter, ich weiß nicht warum.
Entschließt sich spontan, direkt heimwärts zu laufen,
nach oben das Köpfchen, sein Blick schaut recht keck.
Dabei übersieht er den Mordshundehaufen,
rutscht aus und fällt vollends hinein in den Dreck.
Mit offenen Augen durchs Leben zu gehen,
es lohnt, du begibst dich nicht selbst in Gefahr.
Kannst nahendes Unheil im Anmarsch schon sehen,
wirst dabei der Schönheit des Lebens gewahr.

Geläutert

Muss allein die Alltagsplagen
schmerzvoll tragen.
Kinderwunsch war beider Ziel,
das wurd dir zu viel.
Hattest mir nichts mehr zu sagen,
außer klagen,
tatest stets, was dir gefiel.
Dorngestrüpp trennt unsre Wege,
Liebesstege
sanken ein im schweigend Eise.
Stumm und leise
brachst du aus, aus dem Gehege,
Kinderpflege
störte deine Lebensweise.
Blieb zurück, verdammt zum Warten,
tiefe Scharten
gruben mir ins Antlitz Falten.
Ungehalten
wächst der Tod im Liebesgarten.
Kinder warten,
Vaterpflicht blieb dir erhalten.
Unverhofft ließ dein Gewissen
Segel hissen,
über Hürden heimwärts springen,
Zweifel gingen.
Unser Band ward nie zerschlissen,
ich sollt wissen,
Reue tat zur Umkehr zwingen.

Werner Noske – Tänzerin
Linoldruck 1973

DRABBLE

Eine meist pointierte Geschichte
in einhundert Worten
- ohne Überschrift -

Augenblicke

Er sah so gut aus, mein selbstgebackener Käsekuchen.

Ich war stolz wie Hanne, atmete seinen frischen Duft tief in meine Lungen.

Streute auf sein leuchtend gelbliches Gesicht noch etwas Puderzucker und stellte ihn zum Abkühlen auf den Balkon.

Der Speichel lief mir bei der Vorstellung, ich würde bald mit meinen Freunden diesen genussvoll verspeisen, im Munde zusammen.

Nach zwei Stunden trudelten die Gäste ein. Auch sie beliebäugelten den, inzwischen auf dem gedeckten Tisch stehenden, Kuchen.

Damit hatte ich nicht gerechnet:

Alle verzogen nach dem ersten Biss ihr Gesicht.

Auch ich.

Jemand hatte die Deckel von Zucker und Salz vertauscht.

Peinlich!

LIMERICKS

Ein Pärchen aus kühlen Gestaden,
das wollt unter Palmen mal baden.
Das Wasser war lau,
entsetzt schrie die Frau,
ein Hai fühlte sich eingeladen.

♠

Er war heut im Streit schon am Gehen,
ihr Schreien ging über in Flehen.
Ein Kehrt auf der Trepp,
was war er ein Depp,
jetzt liegt seine Frau in den Wehen.

♠

Ein Zuhälter, namentlich Walter,
kam, wie seine Hühnchen, ins Alter.
Das Rotlicht ging aus,
der Tod ging voraus,
steht weinend bei Petrus am Schalter.

Werner Noske – Heinrich Vogler
Öl 1073

Gelebtes Leben

Faszinierend ist das Lebenskarussell,
schnell und schneller kreist es, bis ins Ziel.
Viel geschieht, ganz individuell,
hell und düster wechselnd, so sein Spiel.
Lastenträger oder Überflieger,
Sieger oder stets im Aus.
Maus zu sein, statt Kampfeskrieger,
Tigerdasein wird zum Graus.
Schwerelos durch Lüfte schweben,
leben, lieben, tanzen, lachen.
Sachen machen, alles geben,
streben, Feuersbrunst entfachen.
Wenn das Karussell erst einmal steht,
geht kein Weg ins Leben je zurück.
Glück, wie oft wurd es im Pech erfleht,
weht dahin, entschwindet Stück um Stück.
Ausgelebtes Leben gern vom Leben träumt,
bäumt sich auf, verendet Knall auf Fall.
All das Letzte wird in Samt gesäumt,
räumt nicht längst der Tod den Stall?

Giftnattern

Verlockend die Frucht,
gepflückt wurde sie einst vom Baum der Erkenntnis,
mit Eifer verführte die Schlange zur Sucht.
Ich heg für Versuchungen vollstes Verständnis,
wer einmal genascht,
ist vom Edenrausch selbst überrascht.
Erst zischeln sie, ziehen dich in ihren Bann,
hypnotisch ihr Blick, denn es gibt kein zurück.
Verschlingen vom Ego tagtäglich ein Stück,
persönliches Eigentum dann, irgendwann.
Für sie reichlich lohnende Beute,
bist einer von Vielen aus geifernder Meute.
Erst später verspritzen sie lähmendes Gift,
so lang, bis es ätzend dich trifft,
und du dich dem Schicksal ergibst.
Im freien Fall sagst du noch, dass du sie liebst,
das zeigt den Erstarrungsverlauf.
Nimmst ihre Verletzungen qualvoll in Kauf,
war Schlangenlist dir nicht bekannt?
Erotisch schürt sie primitiv dein Verlangen,
hält dich eisern fest und gefangen,
auf mich wirken Giftnattern höchst arrogant.

Grauenvolles Grau

Wer nur hat die Sonne sabotiert,
ungeniert seit Tagen stell ich Fragen.
Ist sie explodiert, gar implodiert,
dieses schlechte Wetter deprimiert.
Fort ist der Zentralstern nicht,
gäb sonst Dunkelheit, kein Licht.
Dicht ziehen Regenwolken,
werden gemolken,
durch Täler sie tiefhängend wabern.
Fluchen hilft nicht, auch kein Labern,
muss geduldig warten.
Karten werden sicher neu gemischt,
eh die Sonne ganz erlischt,
irgendwann wird diese wieder scheinen.
Greinen, oder haltlos weinen
hilft mir nicht.
Den Trübsinn zu vertreiben,
bleiben also Hoffnung, Glaube, Zuversicht.
Wenn gelingt, dass Lunas Macht
in den Leib des Regengottes sticht,
durch das Grau der Wetterfracht,
prachtvoll Bahn sich bricht,
könnt ich in den blauen Himmel starren.
Was mir bleibt, die Zeit vertreibt,
dichtend dato auszuharren.

Im Auengrund

Monströs der Baum, auf feuchtem Grunde,
sein Kronenhaupt verwaist und kahl.
Steht einsam da, in weiter Runde,
sehr hoch, die Lebensalterszahl.

Dem Altrhein folgt er nach mit Blicken,
es stimmt nur halb, was einst gesagt.
Bei Hochwasser manch Bäume knicken,
er wurzelt tief, ist hochbetagt.

Am Arm des Rheines, auf den Auen,
hat er erlebt schon manche Flut.
Sie brachte Menschen bloßes Grauen,
ihm tut der feuchte Boden gut.

im richtigen moment

faszinationsmomente können stark bewegen
all die schönen dinge sammeln sich im seelenhort
sie sind brandungsfels, wenn einmal stürme fegen
zugangsoffen ist und bleibt der sonst intime ort
irgendwann erwachen diese schätze in gedanken
nehmen vollbesitz von dir, aus längst vergangner zeit
ausgenommen sind gefühle, die im schmerz versanken
tiefe herzenstraurigkeit macht sich ansonsten breit
irgendwann zerbröckeln die fragmente und verblassen
ohne positives bleibt das leben öd und fad
nur ein trümmerfeld entsteht, wenn menschen,
menschen hassen
sonnig führen augenblicke hin zum gipfelpfad
mit sensiblen sinnen können eindrücke berauschen
odemgleich saugt sich das undenkbar erlebte ein
mehr die zeichen der natur erkennen und belauschen
edles gut ist schwer zu finden, faszinierend klein
neue dinge sind es, die entfesseln und bewegen
tausendfach erscheint das glück im richtigen moment
einen herzschlag braucht es nur, um freude zu erregen
innig aus der Seele folgt ein riesen kompliment

Im Zoo

Leb im panzerglasgeschützten Pulk der Affen.
Man nennt mich Monkey, je nachdem,
hab damit kein Problem.
Jedoch mit meinem einsichtbaren Käfigklo,
wenn Menschen dümmlich dabei gaffen,
ist mir das nicht genehm, nicht schön,
sogar höchst ordinär, obszön.
Gesichtszüge entfliehen, wenn sie Grimassen ziehen,
ich frag mich dann,
bin ich der Mensch und sie die Affen?
Was ich am besten kann,
am Scheibenglase vor mich hin sinnieren,
gelegentlich dabei mal onanieren,
denn ganz im Gegensatz zum Mensch, muss ich nichts
schaffen.
Bin nie so recht in Eile,
aus lauter Langeweile,
liegt Fratzenschneiden niemals brach.
Das blöde Volk macht mir dann alles nach,
kann mich, laut lachend, köstlich amüsieren.
Hab meinen Spaß, tagaus, tagein,
ihr findet Kraftausdrücke hundsgemein?
Dann geht doch einfach weiter,
lasst mich allein.
Mein Überlebenshauptgewinn:
Der Großfamilienclan, mein Wegbegleiter,
mit Halbprimaten hab ich nichts im Sinn.

Inferno

Fast unsichtbar im Blick am fernen Horizont,
blinkt weiß ein Punkt, vor dunkelgrauer Wand.
Das Meer verschlingt die Blitze der Gewitterfront
und Sturm peitscht Riesenwellen auf den Sand.
Ein Segel wird es sein, von einem Fischerboot,
erreicht es noch mit letztem Schub das Land?
Es scheint, die Welt bricht aus den Fugen, aus dem Lot,
und Schicksal der Matrosen liegt in Gottes Hand.
Kein Lebenszeichen, auch kein SOS, kein Ton,
Orkantief wütet sich nach Kräften aus,
ist Untergang am End der Fischer Tageslohn?
Allein Gedanken daran schüren Graus.
Die Nacht, sie stellt ein Bein, verschlingt die letzte Sicht,
selbst Rettungsboote fahren so nicht aus.
Wie eine Mär erscheint im morgendlichen Licht,
tief achtern treibend, dieses Schiff voraus.
Ein Kranz, das Seemannsgrab des Toten schmückt,
der trotz des Mutes hat nicht überlebt.
Wollt im Inferno abtakeln, was ihm missglückt,
es riss ihn fort, ist in der Flut entstrebt.
„Goodbye and farewell", steht auf dem Marmorstein,
die Seele ist gen Himmel längst geschwebt.
Die Meerjungfrauen hat er jetzt für sich allein,
sie haben ihm das Totenhemd gewebt.

Gedankenwirrwarr

Gäb alles her, ohne Fragen,
nur um Flügel, fliegend beflügelt, zu tragen,
schwänge mich eilends zu dir.
Trauergefühle seit Tagen, klaffende Wunden,
misse das vertraute Wir.
Bist meinem Herzen entschwunden,
Unendliche Sehnsucht schreit nach dir.
Blässe zeichnet mein Gesicht,
Vögel singen nicht,
schweigen seit jenem Morgen.
Ohne ein Wort bliebst du fort.
Pein, längst Begleiter der Sorgen,
endend unser Schmetterlingsreigen,
fühle mich nackt, ungeborgen,
saitenverstimmte Geigen schweigen.
Meine Seele greint,
es scheint,
Engel könnten ihre Schwingen,
mir barmherzig übergeben.
Hätt ich sie, sollt es gelingen,
ungebremste Landung zu erzwingen.
Es wär Glück,
dieses Wunder zu erleben,
Ankunft, ohne ein Zurück.
Träume, die in Wahrheit ins Nirwana schwinden,
nichts als Schäume.
Sollten wir am Ende je uns finden,
du und ich, von Angesicht zu Angesicht,
fast verglommen schon dein Lebenslicht,
verbraucht und ohne Lustempfinden,
alt, ich schwör, das alles ließ mich kalt.

Glück im Pech

Ein Regenwurm, man nennt ihn Knut,
ihm geht es physisch gar nicht gut,
wollt eigentlich zur Fete.
Er hat verpennt,
kein Anlass, dass er schneller rennt,
kriecht, wie auch sonst, etepetete.
Ihn hebt ein Angler auf, zu seinem Pech,
hängt schmerzgekrümmt jetzt an der Angel.
Taucht ein, ins wahrste Fischtumultgerangel,
sieht unter sich die Greifarme von Kraken.
Ein Wunder könnte ihn erretten,
doch wie kommt er vom Angelhaken?
Schon schließen Fische irre Wetten,
ein Jeder will der Erste sein.
Für sie zum Schein,
in höchster Not,
stellt kurzerhand
der Wurm sich tot.
Ein Sehnenruck, dann schwebt er frei,
im hohen Bogen hin zum Land.
Zählt, wie gelernt, von eins bis drei,
sich daraufhin vom Haken schwingt,
hofft stark, dass ihm die Flucht gelingt.
Der Knut sieht gut,
der Angler schäumt vor Wut,
weil er den Wurm vergeblich sucht,
wird weiß wie eine Wand und flucht.
Drum braucht der Ärmste unbedingt,
mehr Achtsamkeit und außerdem,
ein Anglerfrüherkennungswarnsystem.

Das Felsenöhr-Orakel

Ein Leichtmatrose, jung und keck, saß hoch im Korb, weit über Deck.

Rief laut nach unten: „Land in Sicht!", bevor vom Schaukeln er erbricht.

Beim Näherkommen sah er noch, in einem Fels ein Öhrlangloch.

Stieg schnell vom Aussichtsmast herab, „Was ich da grad' gesehen hab!",

berichtet er dem Obermaat, der ganz allein ist Staat im Staat.

Rief seine Mannschaft rasch herbei, auch sie sah'n jetzt das Öhrlochei.

Man sagt, wer durch ein Felsloch schaut, bekommt die Meerjungfrau zur Braut.

Ein Wunsch war nun dem Knaben frei, orakeln war ihm einerlei.

Nach in den Wind geruf'nem Wunsch, bekam er
reichlich heißen Punsch.

Trank zwischendurch noch Gin und Rum, das haut den stärksten Seemann um.

Die Crew, sie lachte über ihn, er stand nicht auf, ließ sich nicht zieh'n.

Sah nackte Frau'n in seinem Suff und hat geglaubt, er wär im Puff.

Abrupt beendet wurd' sein Traum, das Wachwerden hielt sich im Zaum.

Ein Wassereimer, bis randvoll, ergoss sich über ihn,
na toll!

Hat Meerjungfrauen seither nie gesehen,
dem nächsten Blaff, dem wird er widerstehen.

Geteilte Macht

Schaumeskronen zieren sie,
die aufgewühlten Meereswellen.
Enthasten oder rasten nie,
stellen sich den Windgesellen.
Tasten ab die Uferstrände
und zerschellen.
Dellen bilden sie beim Tod im Sand,
die umspült vergehen.
Gott Aeolos liebstes Kind,
bläst mit Urgewalt im Wind,
an die Klippenwände Wasser.
Er türmt es auf,
die Flut wird krasser,
lässt seine Muskeln spielen.
Wie oft schon hat er das probiert,
ein Spiel für ihn, von Vielen.
Mit ihm gibt es kein Dealen,
wer es versucht verliert.
Nach Ebbe kommt die Flut,
und nach Orkanen Flautenzeit.
Es wechselt Kälte mit der Sonnenglut,
Dauerkämpfe um die Macht.
Schlacht auf Schlacht,
Hitze - Sturm.
Menschen sind sich ähnlich gleich,
denn mit Bedacht und außer Acht,
so im Direktvergleich,
ist jedermann letztendlich nur ein Wurm.

Gelungene Überraschung

Zum Osterfest suchen begeisterte Kinder
im Grase das grellbunte Eierversteck.
Die Augen der Kleinen, sie strahlen zum Jeck,
er zaubert den Hasen aus einem Zylinder.

Sie staunen mit offenem Munde nicht minder,
der Märchenerzähler lässt keinen vom Fleck.
Er lüftet das Langohrenwerkstattverdeck,
im Kreis sitzen fleißige Farbkleckserfinder.

Wie Muster durch Pinsel und Tauchen entstehen,
erklärt Meister Lampe beim Eierbesehen,
ein Schokogemisch wird zum Kindergenuss.

Als Festtagsgeschenk, überraschend beim Gehen,
bekommt jeder Süßes, nebst Waffeln mit Nuss,
ermöglicht durch Hasengewerkschaftsbeschluss.

Kopfkinoeskapaden

Ein Aufblitzen, ein Flitzen,
Kaleidoskopgewitter, Bildersplitter,
unenteilt und unfassbar am Schopf.
Im Kopf in steter Eile, wie Pfeile
jagen Puzzleteile her und hin.
Ungewohnt für sie ist Langeweile,
erst wenn alle passend sitzen,
entsteht ein visueller Sinngewinn.
Beginn und Ende der Gedankenreise,
denn auf ihre ungestüme Weise,
zeichnet Wirrwarr die Gedankenfluten.
Gluten aus zerbombten Häusern, Kinderschreie,
Menschen bluten,
hoffen, dass man sie befreie.
Kommen um, in Giftgasmorden,
Horden sammeln Kampfesorden,
für verübte Kriegsverbrechen.
Ausgeblieben, viele Hilfsversprechen,
Zukunftshieroglyphen, nur verschwendetes Papier.
Hoffnung, die nie wahr geworden,
denn nur Gier bleibt im Visier.
Strategie hat umentschieden,
gemieden bleibt der lang ersehnte Frieden.
Bei entkriegten Puzzleteilen
möcht ich Ruhe finden, weilen,
meine Seelenaufruhr heilen,
Bilder löschen, die dem Kopfkino enteilen.

Kongruentverhalten

Zittermännchenrochen
kam galant und imposant dahergekrochen,
ihr zu imponieren, nebenbei auch Nebenbuhler auszu-
spionieren.
Seine Floskelflossensprache hat sie angesprochen,
gebrochen war der Bann, sein Charme gewann.
Viel hat er durch Arglist ihr versprochen,
lügenangereichert fiel ihm dies nicht schwer.
Vorgeplänkel hin und her
und so kam es, wie es kommen muss,
voll Hochgenuss, zum Unterwasserlustverkehr.
Was sie wollte, war sich binden,
er nur Flirten, Lust empfinden.
Heuchelnd hat er Treue vordrapiert,
garantiert entstand der Schwur im Drange.
Streit nach Bindung in den Flitterwochen.
Ihm wurd bange in der Zange,
sie entpuppte sich als Schlange,
nicht nur typisch für die Rochen.
Hat den Klammerbraten spät gerochen,
sich verkrochen, denn er weiß,
bleiben wird für ihn zu heiß.
Hat die Heirat annulliert,
flossenschwanzgesteuert neue Spaßobjekte anvisiert.
Sein Gespielinnengespiel ab heute,
Jagd nach jungnaiver Beute.
Längst intim bekannt, sein nächstes Aufreißopfer,
fällt auf ihn herein, den Speicheltropfer, Sprücheklopfer.
Fisch und Mensch fast gleich im Kongruentverhalten,
Langzeitphänomen, bei Jungen wie bei Alten.

Maiensonnenstrahlen

schwärmen, ohne lärmen, hin zur Erde, sie zu wärmen,
streuen Licht, ganz ihrer Pflicht.
Energiegeladen müssen sie mit Kälte ringen,
dicht durchdringen sie das Dunkel und verschlingen
Bleibsel letzter Jahreszeit.
Weit und breit herrscht Aufbruchsstimmungslage,
Tage räkeln, strecken sich in Regelmäßigkeit.
Lenz erblüht im jugendlichen Hochzeitskleidgewand,
nimmt behänd Besitz vom Land, als Unterpfand.
Neidisch auf die Flora weht spontan Saharawind,
macht geschwind die Sonne ungebeten blind.
Teufelspacktgebunden, mit ihm Hand in Hand,
schickt er feinen Wüstensand,
Traumidyllentage zu vernichten.
Schlichten kann der Wettergott das nicht, mitnichten.
Mephistospukgebaren kann kein Freudenglück
vermiesen,
denn aus Wäldern, Auen, Feldern, Wiesen,
wabern endorphinerzeugend Düfte durch die Lüfte.
Schmetterlinge fluten Menschenseelentiefen,
kamen winterlang, durch Trance, aus der Balance.
Erst als Maiensonnenstrahlen riefen,
konnten sie entbinden, sich finden, die Flügelstarre
überwinden.
Auftaktsinnessinfonie schickt mit Elan und voll Magie,
flügelschlagend Frühlingsboten auf die Reise.
Sie durchdringt auf traute Weise,
vorerst still und leise, neu erweckte Lebenskreise.
Später Frühling in der Sommersonnenglut verglimmt,
vorbestimmt durch Wechseljahreszeiten.
Jahr um Jahr zeigt er sich wie ein Pfau,
unter makellosem Himmelsblau,
meist von seinen allerschönsten Seiten.

Märchenhafte Begegnung

Schneeweißchen traf mit Rosenrot
auf einen Gnom, ich glaubt ihn tot.
Sein Kopf steckt im Olivenbaum,
seh ihn mit Bart, ich glaub es kaum.
Frappierend ähnlich, sein Gesicht,
fehlt nur noch, dass er zu mir spricht.
Jahrzehntelang da eingeklemmt,
ich spür, wie er dagegenstemmt.
Natur, sie hat ihn eingeschnitzt,
weil er lebendig Gift verspritzt.
Kein brauner Bär in meiner Näh,
soviel ich auch durch Bäume späh.
Kein Zeichen vom Geschwisterpaar,
find auch vom Bart kein graues Haar.
Urplötzlich knarrt das alte Holz,
im Schreckgesicht, kein Hauch von Stolz.
„Zieh mich hier raus, mach aber schnell",
das klang fast wie ein Hundgebell.
Ich mache kehrt und will grad gehen,
da hör ich diese Fratze flehen:
„Befreie mich aus diesem Baum!",
Bin ich verrückt? Ist es ein Traum?
Olivenbäume sprechen jetzt,
mein Geist, er ist phantombesetzt.
Ab heut les ich kein Märchen mehr,
sie schaden meiner Seele sehr.

Kunterbunt

Lass uns auf dieser blumenbunten Wiese liegen,
imaginär ins Paradies einsteigen.
Hörst du, wie ich, die tausend Himmelsgeigen,
die uns in Träumereien wiegen?
Die Sinnesflut will den Verstand besiegen,
mit zauberhaften Düften uns berauschen,
verharrend schweigen wir und lauschen.
Nebst Grillenzirpen, Käferrascheln, Bienenfluggesumm,
klingt dominant der Vogelsang im Faunachor,
als wahres Wunschkonzert um uns herum.
Die Klänge dieser Symphonie,
voll Harmonie und Empathie,
sie dringen ungefiltert in mein Ohr,
mir kommt es wie im Märchen vor.
Schmetterlinge flatternd in der Sonne faszinieren,
reflektieren kokettierend ihre Farben,
um in makelloser Anmut zu brillieren.
Filigran die Flügel, Punkte, Streifen, Kringelringe,
Dinge, welche die Natur sich ausgedacht,
pingelig, jeher auf Perfektion bedacht.
Graziös gelandet, sanft und weich,
im kunterbunten Blumenwiesengrasbereich,
bestäuben necktarnippend sie die Blüten.
Es könnt nicht schöner sein im hochgelobten
Himmelreich,
erleben hautnah diese unglaublichen Mythen.

Die kleinen Dinge

Das Glück liegt nicht in Ascheresten,
nur Träumer suchen dort.
Im Rauche aufgestiegen und verbannt,
als Seelenschmerz tief eingebrannt,
es hilft kein Flehen, es ist fort.
Will Schicksal meine Schwächen testen?
Sagt nicht, ich solle hier verweilen,
das Rasten wirft mich nur zurück.
Im richtigen Moment stellt es sich ein,
ich fühl, es lässt mich nicht allein,
gäb andern gern davon ein Stück.
Es würd nicht kleiner, nach dem Teilen.
Werd schöne Dinge viel mehr achten,
in Liebe Gutes tun.
Im Hier und Jetzt zu leben und im Heut,
es gibt nichts, was ich je bereut,
bin gegen Pech vorerst immun.
Doch weiß ich, Glück lässt sich nicht pachten.

Werner Noske – Deia, Mallorca
Aquarell 1995

DRABBLE

Böse Menschen, böse Tiere

Auf dem Schiff, auf welchem ich eine Rundfahrt buchte, trank ich einen Kaffee.

Die Rechnung rundete ich um fünf Cent auf.

Durch Kellners Frust, bekam ich auf meine fünf Euro als Wechselgeld, von ihm alles in Fünf- und Zehncent-stücken zurück.

Auf der gemütlichen Küstenfahrt wurden wir von vielen hungrigen Möwen begleitet.

Vorausahnend, was ich schon so gehört hatte, war ich mit Brot- und Brötchenresten für deren Fütterung ein-gedeckt.

Es machte mir Spaß, mit ausgestreckter Hand Futter zuzuwerfen, bis auf diesen einen Augenblick,

als ich aus „Dankbarkeit" für mein großzügiges Entge-genkommen einen dicken, fetten Möwenschiss auf die inzwischen leere Hand erhielt.

LIMERICKS

Ein Autobahnraser erblasste,
weil ihn ein Radarblitz erfasste.
Er bremste nur kurz,
im Schreck floh ein Furz,
wie *sie* den Gestank von ihm hasste.

♠

Er kam ihr nicht näher beim Tanzen,
denn schuld war der üppige Ranzen.
Sein doppeltes Kinn,
kein Schönheitsgewinn,
so sanken die Anmachbilanzen.

♠

Ein Herr ging am plätschernden Rheine,
sein Köter ganz kurz an der Leine.
Doch plötzlich ein Ruck,
im Wasser ein Schluck,
man sah nur den Hund und zwei Beine.

Werner Noske – Algarve, Hafen
Aquarell 2000

Mieses Psychospiel

Der Teufel ist der Prada-Kluft entstiegen,
ist in Gestalt flexibel und präsent.
Kann magisch unsichtbar durch Lüfte fliegen,
sein Elixier, das Schwefelelement.

Nicht selten nutzt er hölzerne Gestalten,
wenn er die Menschenseelen inspiziert.
Im Holz kann sich sein Fratzenbild entfalten,
man sieht es, wenn man nachts im Wald flaniert.

Sein mieses Psychospiel verfängt bei Frauen,
kommt meist galant als *Grand Charmeur* ins Spiel.
Erschleicht ihr grundnaives Blindvertrauen,
erst wenn sie brutzeln, sieht er sich am Ziel.

Das Erdenvolk macht gierig auf mehr Beute,
auch Männer sind vor ihm niemals gefeit.
In Playgirlanmachtarnung kommt er heute,
kein Ticket für die Rückfahrmöglichkeit.

Eine Smaragdeidechse

Welch Kleinod der Natur.
Sie huschte im Sand,
gewandt, galant, charmant,
im grünen Hautgewand,
durch die Flur
und entschwand.
Ein selten Exemplar,
sehr rar.
Sah sie in Griechenland,
für Augenblicke nur.
Schoss schnell ein Bild,
ganz sicher wider Willen.
Sie schien erstarrt,
nicht wild,
hat kurz verharrt.
Im Sande Schwanzschleifrillen,
Indiz von ihrer Existenz,
ich zollte ihr beim Abschied Präferenz.

Bleibende Bilder

Mein Blick schweift auf Pylos, idyllisch gelegen,
ein griechisch- beschaulicher Ort.
Platia, der Schattenplatz, ist überfüllt,
nicht selten wird lauthals gebrüllt,
durch Straßen jonglieren die Autos verwegen.
Ein Wort heißt *sigà* und man spürt es sofort,
mach langsam, das präg ich mir ein.
Versteh sonst kein Wort, was doch selbst an mir liegt,
die Sprachfaulheit, sie hat obsiegt.
Bewundere Boote, vertäut an den Stegen,
von Ferne erscheint mir die Meeresbucht klein,
die Straßen nur eng, in den Berghang geschmiegt.
Kein Regen und ja nicht bewegen,
fast täglich der südliche Heißsonnenschein.
Das Meer in der Bucht lockt zum Baden,
Tavernen, mit heimischer Speise,
manch Diele, mit leckerem Eise
und ortsmittig, Laden an Laden.
Die hiesigen Menschen sind Hitze gewohnt,
auch täglich der Blick übers Meer.
Saisonbedingt wird es hier leer,
die Reise hierher hat sich mehrfach gelohnt.

Nachtgesellen

Die Nacht senkt sich hernieder,
im Zwielicht huschen schwarze Ratten.
Sie schwinden, kommen wieder,
als graue Wandelschatten.
Es lähmt die Weglaufglieder.

Dämonen gieren, extrahieren.
Silhouetten liegen auf der Lauer,
fixieren mich, zum Duellieren.
Spür tief im Körper unbeschränkte Dauerschauer,
ich werd den Kampf verlieren.

Hat sich mein Nachtausflug gelohnt?
Fürwahr kein Spaßvergnügen, müsste lügen,
weil Angstphobie im Geiste thront.
Geplagt von visuellen Höllenflügen,
was meine kleine Seele nicht verschont.

Entschließ mich, dem zu stellen,
will Nachtgesellen prellen, Angst besiegen.
Sie anzusehn als Bagatellen,
die meinem Mute unterliegen.
In mir ersprudeln ungeahnte Quellen.

Moorhuhnjagd

Unverschämt starrt mich das Moorhuhn an,
dümmlich, keck und frech.
Lacht, weil ich nicht richtig schießen kann,
ist halt Anfangspech.
Es müsst unbeweglich sein, mein Ziel,
doch es flattert nur.
Treffe oft daneben, weil ich schiel,
komm dann außer Spur.
Selbst die Maus geht mit auf Hühnerjagd,
sagt, ist das normal?
Nach Enthauptung das Gewissen plagt,
als vegane Qual.
Federn fliegen, wenn ein Schuss mal trifft,
Schreie klingen echt.
Statt des Ballerns gäb ich Tötungsgift,
wär mir mehr als recht.
Stürzten dann schon startend ab,
ohne Trefferschuss.
Fielen schmerzfrei ins Computergrab,
da wär für sie Schluss.
Dieses Spiel macht dauerdumm,
süchtig noch dazu.
Kreischt das Viehzeug, schalt ich stumm,
hab dann Ruh im Nu.
Geh ins Netz auf Moorhuhnjagd,
seh vor Wut heut rot,
nach Programmabsturz folgt Virenjagd,
Moorhuhn lacht sich tot!

Nackte Schönheit

Als Griechische Göttin der Liebe und Schönheit,
erweckt Aphrodite noch heut pure Lust.
Doch ist die Begierde nicht oft reine Dummheit,
ihr sinnliches Fangnetz erweist sich robust.
Sie selbst makellos, alabastern ihr Leib,
auch Aris verfiel dem erotischen Weib.

In aufreizend modischen Himmelsgewändern,
beschützte sie selbst jedes liebende Paar.
Entledigt der Hüllen, befreit von den Bändern,
kann engelsgleich wallen, ihr offenes Haar.
Vor Venusbetrachtern erscheint sie nun nackt,
im künstlerisch muschelentsteigendem Akt.

Der schöne Adonis bekam sie zu sehen,
auf taubengezogenem Lieblingsgefährt.
Er konnte dem Rosenduft nicht widerstehen,
beim Liebesspiel haben sich Myrten bewährt.
Die Grazie war im Verführen agil,
sie frönte dem heimlich erotischen Spiel.

Nordostgeflüster

Wie Unschuld in Weiß liegt ein Kleid über Bäumen,
der Schnee hat die schütteren Zweige bedeckt.
Der Herbst floh vor Kälte, vom Winter verschreckt,
das Traumbild verleitet zum Schwärmen und Träumen.

Frau Holle ist fleißig, sie will nichts versäumen,
hat flugs auf die Landschaft ihr Tischtuch gedeckt.
Mit Flimmern und Glitzern ein Märchen erweckt,
es harrte ein Jahr in verdunkelten Räumen.

In eisig kristallklaren Nächten erscheinen
die Schatten von Bäumen als drohende Hand,
im Mondlicht bizarr, schocken sie den Verstand.

Wenn tosender Nordwind sich anhört wie Weinen,
Gestade mit wachsendem Eis sich vereinen,
trägt Väterchen Frost noch sehr lang sein Gewand.

Neubeginn

Himmelsgeigen anfänglich,
brunftig jeder Liebesschrei.
Vorbei.
Schmerzvoll der Schnitt,
konsequent mein Schritt.
Unumgänglich.
Vergänglich, wie alles im Leben, eben.
Kann wieder lachen,
lass es krachen.
Frei.
Ich lebe, bebe, strebe,
irre suchend umher,
ohne dass ich verschnauf.
Mühen sind mir einerlei,
nehm sie in Kauf.
Lauf dem Glück hinterher,
schwer, mich von Altem trennen.
Hänge, verweile, klebe,
muss in mir erkennen,
noch schwelt sie heiß, die Liebesglut.
Gut, mein Herz schöpft Mut,
Zweifel weichen Zuversicht.
Lodernde Träume, Emotionen als Flut,
Schaum nur, betrachtet bei Licht.
Gefühle schweigen, schreien nicht.
Mög böses Karma zerrinnen,
will verzeihen, neu beginnen.

Nie Schwein

Die edle Flasche Wein,
muss abgelagert sein,
im Glase rein und ohne Stein.
Im späten Abendsonnenschein,
trank ich mit dir sie ganz allein,
uns schmeckte diese ungemein.
Bouquet-Aroma, das war fein,
goss dir den letzten Tropfen ein,
ich ging, du schautest hinterdrein.
War nicht am End' mit dem Latein,
wer steht schon gern auf einem Bein?
Es folgte Nummer zwei vom Wein,
die Hemmschwelle, sie wurde klein,
schwor angeschwipst, ich bleibe dein.
Fuhr nachts in die Kontrolle rein,
hab immer Pech und niemals Schwein.
Die Polizei war so gemein,
entzog mir meinen Führerschein.

Platonische Liebe

Es ist dieser Blick, der verführt, der berührt,
kann ihm nicht entweichen,
er wird ungefiltert die Seele erreichen
und dort sich synapsenverknüpft einquartieren.
Das Auge kann alles genau fokusieren,
es speichert Profile als lohnende Ziele,
sie sind erster Schritt für erotische Spiele.
Wenn Brauntiefseesterne Esprit einst verstreuten,
war Reiz aller Anfang zur Hypertonie.
Das Herz zerbrach dabei für viele,
ihr schmachtender Ausdruck, nur schwerlich zu deuten.
Ich hätt viele Fragen, doch stell ich sie nie,
könnt ich ihre Antworten schmerzfrei ertragen?
Blick durch das geheimnisumwitterte Bild,
es wirkt faszinierend, was führt es im Schild?
Es schweigt, denn es kann mir nichts sagen.
Das Reh erscheint scheu, jedoch gleichzeitig wild,
platonische Liebe, sie geht durch den Magen.

Prophet in spe

Die vielen Wettermeteorologen,
verkünden dies, verkünden das,
bleibt es heut trocken, wird es nass,
wer hat am Ende mich belogen?
Es ist wie Wahrsagen, aus hochstudierter Sicht,
sind Wolken angesagt, sind sie woanders hingezogen.
Nach Dunkelheitverkündung scheint noch Licht,
wer sagt da, die Propheten lügen nicht?
Welch Graus, pack dicke Sachen aus,
pack sie in Kürze wieder ein,
mein Blut pulsiert in aufgebrachten Wogen.
Prognosen stell ich künftig ganz allein.
Seh ich des frühs an Scheiben Regen,
bleib ich daheim, für mich ist dies kein Segen,
wart lieber auf den nächsten Sonnenschein.
Sag allen, die es wissen wollen,
wie grad das Wetter draußen ist,
dann braucht Wetterfröschen niemand grollen,
ich bin Prophet in spe, erzähl euch keinen Mist.

Raritätenfund

Ein exzellenter Schneckenfund,
vom Meeresgrund an Land gespült,
einst kerngesund,
jetzt sichtlich tot.
Sie hatte diesen Sturm gefühlt.
In ihrer größten Not,
sich eingewühlt in Schlamm und Sand.
Blieb lang da unten stecken,
verurteilt zum Verrecken,
bis dass die Strömung sie befreite,
danach trieb sie an Land.
Das Wasser grub sich ein Gehäuseloch,
fraß ewig lang an ihrer Seite.
Dies Sonderexemplar,
fehlt mir in meiner Schneckensammlung noch,
so einmalig, als Strandgut rar.
Ich kann mein Fundstück allen zeigen,
ist integriert in meinem Sammelreigen.

Offenen Auges

Rasant fliegt die Zeit eines Jahres dahin,
das Wiesengrün fad, kahl die Felder.
Sie schwand unbemerkt in des Herbstes Beginn,
in Bunt locken Kronen der Wälder.
Zu wandeln in ihnen ist wie eine Kur,
inmitten der Tierwelt, in freier Natur.

Erspäh im Gelände ein jauchzendes Kind,
zeugt warm ein Gefühl, durch sein Lachen.
Bemerke am Himmel im böigen Wind,
den tanzend gesteuerten Drachen.
Verschüttete Bilder, sie steigen empor
und zaubern spontan mir ein Tränlein hervor.

Geöffneten Auges nehm ich vieles wahr,
wie Quellen ins Tal sich ergießen.
Doch sehe ich auch stete Umweltgefahr,
noch kann ich die Tage genießen.
Die Singvögel ziehen im Südflug dahin,
ist Abschied nicht gleichzeitig neuer Beginn?

Schizophrenes Ich

oute dich, komm heraus und sprich,
warum quälst du mich?
Schlichst dich heimlich ein,
um dich festzusetzen.
Wider Willen soll ich ätzen,
andere verletzen,
hundsgemein erscheint dein Heiligschein.
Ungefragt hast du mich auserkoren,
musste unverfroren
Niederträchtigkeiten in die Welt verbreiten.
Fühl mich hilflos und verloren.
Warst kurz vor dem anvisierten Ziel,
spiel mit anderen dein Spiel.
Scher aus meinem Körper dich hinaus,
Graus und Elend säst du aus.
Viel zu viel geschah,
eh ich sah,
dass mein wahres Ich,
mich ließ viel zu lang im Stich,
und durch dich,
nun perfider Zwietrachtstreuer ist.
Korsettiere Missgunst, Trug und List,
steck die Pein gleich mit hinein.
Scher dich ohne Frist,
nimm mir ab den Seelenstein.
Heb ihn doch für andre auf,
mach dich eilends fort und lauf,
potentielle Opfer warten längst darauf.
Schleich woanders dich als Zweitgeist ein,
wein dich aus, ich bleib allein.

rührig

mein rentnerdasein halbwegs fristen
will langeweile überlisten
und unbrauchbares zeug ausmisten
schläft eh seit jahren in den kisten
es ist fast so, wie schätze heben
meist sammelsurium vom leben
hatt vor, das zeug mal wegzugeben
doch immer wieder bleibt es kleben
den plunder galt es zu bewachen
bekam nicht voll genug den rachen
heut muss ich über mich selbst lachen
trotzdem lieb ich die sammelsachen
hab elvisplatten alter zeiten
die mich im takt bis heut begleiten
war nie gefeit vor pech und pleiten
mein inventar füllt mehrfach seiten
wem könnt ich meinen schatz vererben
die aussicht auf viel geld verderben
ein sümmchen bringen diese scherben
wer zahlt, der kann sie sich erwerben
trägt mich einmal der tod zu grabe
dann nützten mir nicht gut noch habe
wünsch mir, dass ich noch lang mich labe
an staates hungerrentengabe
geb mich nicht auf, ich schreib gedichte
leg wert auf inhaltsstoff und wichte
vom hier und sein, selbst von geschichte
gut eingeparkt als zeitberichte

Ruf der Ferne

Glühend heiß mein Weg, ich reite
meilenweit durch fremdes Land.
Liebe die Prärie, die Weite,
schluck seit Tagen feinen Sand.
Sing ein Lied auf Pferdes Rücken,
keiner hört die Melodie.
Kann den Durst so überbücken,
Geierbrut bekommt mich nie.

Folge nach, dem Ruf der Ferne,
Furchen zeichnen mein Gesicht.
Tags die Sonne, nachts die Sterne,
keiner meinen Willen bricht.
Gold wollt ich im Westen finden,
eine Frau und eine Farm.
Musste in der Mine schinden,
fand nur Dreck, ich selbst blieb arm.

Trank den Whisky flaschenweise,
spielte im Saloon um Geld.
Um mich ward es still und leise,
sterbe ich als Westernheld?
Letzter Wunsch, den ich noch hege,
gebt dem Pferd ein Gnadenbrot.
Eine Koppel, etwas Pflege,
wenn sein Reiter längst schon tot.

Cowboyträume muss man leben,
Zeiten, sie sind zwar vorbei.
Lass die Countrymusik beben,
morgen ist heut einerlei.

Rätselhafter Fund

In Ufernähe, halb versunken schon im Sand,
ich einen Findling fand,
von Wellen angespült, am Strand.
Ein ganz besond'rer Stein,
doch nicht besagter Stein der Weisen.
Weder groß, noch klein,
sehr imposant, nicht uninteressant.
Ging irgendwann am Meeresgrund auf Reisen,
zig filigrane Schnecken,
befielen ihn rasant.
Sie haften an ihm, bis in alle Ecken.
Sind selbst bereits versteinert,
nur wenige zerkleinert,
Produkt aus hunderten von Jahren.
Woher sind seine Urvorfahren,
kommt er aus fernen Landen,
sein Schicksal, hier zu stranden?
Des Rätsels Lösung bleibt geheim,
warum sich auf ihn Schnecken setzten.
War es ein mystisch unsichtbares Strahlen,
sie mussten mit dem Tod bezahlen.
Darauf macht selbst sich jeder seinen Reim.

Sehr speziell

Ein Hirschbock bat die Einhornkuh,
komm zu mir schnell im weißen Fell,
zu einem Quickie-Rendevouz.
Hatt' nichts dagegen, prinzipiell,
Hormone raubten ihr die Ruh,
die Paarung lief dann sehr speziell.

Und schon nach einem knappen Jahr,
da steht ein Zwillingspaar im Wald.
Noch kein Geweih, das heißt Gefahr,
das Hirschkind hofft, es wächst alsbald.
Dem Einhornbaby wird gewahr,
es lebt im Märchenwunderwald.

So schweben Mythen quer durchs Land,
ein Hoch dem Fortpflanzungsbericht.
Die Böcke sichern den Bestand,
was für den guten Deckakt spricht.
Kein Mensch weiß, wer die Mär erfand,
sie zaubert Lächeln ins Gesicht.

Werner Noske – Ballett I
Collage 2009

DRABBLE

Höllenangst

Dunkel und mystisch erschien mir der Wald, in welchem ich mich verlaufen hatte. Kein Laut irgendeines fernen Straßengeräusches drang an mein Ohr, lediglich das Rascheln aus Gebüschen, links oder rechts meines Irrweges.

Langsam ging auch letztes Tageslicht zur Neige.

Die Hoffnung schwand, noch einen Weg aus dieser Misere zu finden.

Ein Grunzen aus dem Unterholz ließ mich unvermittelt auf den nächsten erreichbaren Baum klettern. Wildschweine! Letzte Hoffnung, mein Handy.

Shit, ein Funkloch. In meiner Verzweiflung suchte ich nach Musik. Das Borstenvieh stoppte die Attacke, legte den Rückwärtsgang ein und stob von dannen.

Von oben schallte es herunter:

Highway to Hell.

LIMERICKS

Ich war neulich weg mit zwei Frauen,
daheim taten sie mich beklauen.
Wir spielten ein Spiel,
fast war ich am Ziel,
blitzschnell waren sie abgehauen.

♠

War voll, hielt mich kaum auf den Beinen,
mal lacht ich, mal war mir zum Weinen.
Ich musste mal doll,
die Blase war voll,
fand ihn viel zu spät, meinen Kleinen.

♠

Die Schule aus, der Lehrer platt,
die Schüler setzten ihn schachmatt.
Er hat es nun dick,
kauft sich einen Strick,
erhielt auf diesen noch Rabatt.

.

Werner Noske – Fes, Marokko
Stift / Aquarell 2009

Sie schaffen das

Ein Vogel flog einst unerkannt,
anhand der meerentdeckten Route,
in das gepriesene Schlaraffenland,
für ihn das Absolute.
War hier mit vielen blutsverwandt,
doch bleibt sein Name unbenannt,
wen hat es groß schon interessiert.
Er hat den Grenzflug blind passiert,
vom Vogelwartverein nicht registriert,
fand Futterplätze reich gedeckt.
Er zirpt, sein Kleid sei unbefleckt,
gescheckt hat man das nie.
Dem Vieh gelang es irgendwie,
dass man ein Nest für ihn gebaut,
nichts Schlechtes zugetraut,
so wurde blind Vertrauen aufgebaut.
Die Vogelwelt hat's akzeptiert,
lebt unter ihnen integriert.
Darf fliegen jetzt, wohin er will,
er weiß wohin und startet still,
zurück ins Heimatland.
Bekannt und teils verwandt mit Vielen,
verzwitschert dieser Stück für Stück,
im Tirili sein Landungsglück.
Sie könnten Futter leicht erdealen,
flog mit der Sippe schnell zurück
und pfiffen auf Asylbetrug.
Erkundigten sich ganz genau
und pochten auf Familiennachzug,
wird denn die Vogelwelt nie schlau?

Standpauke

Frust drückt auf die Seele, schwer wie Blei.
Nach dem Trennen kannst du flennen, verbrennen,
es ist vorbei, mir inzwischen einerlei.
Davonzurennen, meine letzte Chance,
aufzuwachen aus der Trance, mich selbst erkennen.
Wunden hast du mir versetzt, mich tief verletzt, betört,
zerstört ist mein Vertrauen in Frauen,
nebst deren Klauen.
Deine Augen, oft mit Tränenflut benetzt,
schafften es, auf Fließsand Liebe aufzubauen.
Frauenlist und Tücke hast du ausgereizt,
gegeizt niemals beim Geldausgeben, wolltest leben.
Eben darum kam die Zahlungsmahnung,
Ahnung hatt ich davon nie, Schulden bis zum Knie.
Trotzdem bist du weiter nur am Kaufen.
Neue Kleider, Schuhe, Krokodilhandtaschen,
teuerstes Parfum in reich verzierten Flaschen,
Nappalederwesten und Champagner, nur vom Besten,
jedes Fass ist da am Überlaufen.
Hast das Konto heillos überzogen,
mich belogen und betrogen, fühl mich ausgezogen,
nackt,
darum jetzt der Trennungsakt.
Glaubtest du im Ernst ich wäre Rockefeller,
ich wär dumm, du umso heller?
Schneller als du glaubtest kommt die Wende,
bin mit der Moralpredigt am Ende.
Letzter Kuss im Gehen,
tschüss, auf Nimmerwiedersehen.

Sinnestäuschung

Verzückt, von einer Elfenlichtgestalt,
bekommt die Anfangsschwärmerei
den Anschein einer Liebelei.
Mir ist ihr Ziel recht einerlei,
denn Ausziehblicke lassen mich nicht kalt,
verspür des Zaubers Urgewalt.

Seh sie im flockengleichen Schwebeflug,
in mir wallt heiße Leidenschaft.
Doch schnell erschlafft die Manneskraft,
so auch mein letzter Lebenssaft.
Enttäuscht geh ich auf Elfenflugentzug,
ihr zu verfallen, war nicht klug.

Nicht immer, wenn ein Lichtstrahl mich berührt,
muss es ein schwebend Elfchen sein.
Entpuppt er sich als Mystikschein,
ist meist der Grund, verzehrter Wein.
Wenn mich ein heißwildschlagend Herz entführt,
ist Liebe da, dem Dank gebührt.

Sternentaler

Verschmitzt und verräterisch lächelt dein Mund,
die Augen versprühen bengalisches Feuer,
geheuer ist mir das nicht.
Du gibst mir geheimnisvoll kund,
ich würde erleben, ein nächtliches Beben,
dein Lippenpaar lodernde Liebe verspricht.
Die Worte, sie schwingen mit Flügeln zum Grund
der Seele, dass fast das Herz mir zerbricht,
entfesseln dort Tiefemotionen.
Beim Küssen entstehen Gefühlsexplosionen,
ich wähn mich im Märchen der Goldsternentaler.
Kein Künstler, als Maler,
könnt meine Gefühle auf Leinwände bannen.
An mir nesteln zart deine Finger,
die Scham, mich zu öffnen, wird schleichend geringer,
kann tiefer und tiefer entspannen.
Du flüsterst kaum hörbar *vertrau*.
Zum Standbild erstarrt, will mich nicht bewegen,
voll Sehnsucht ich himmelwärts schau,
von Sternen herab müsst es Taler jetzt regnen.

Strandinspektion

Stolziert gemach im Stakengang,
an Meeresufers Strand entlang.
Noch ziert den weißen Grund das Grau,
ist weder Reiher, noch ein Pfau.
Sein Beingestälz, fast storchengleich,
er watet sonst durch seichten Teich.
Zum Biotop hin führt sein Weg,
der Schnabel ist sein Privileg.
Nach vorn hin scheint er wie verbogen,
als wär er gegen Stein geflogen.
Das Planktonfutter zieht ihn an,
kommt ganz gemächlich nur voran.
Ist meinen Augen grad entschwunden,
hat er das Fressrevier gefunden?
Könnt fliegen, müsste doch nicht gehen,
von oben dann die Mutter sehen.
Im Pulk steht sie auf einem Bein,
verschmilzt im Rosarotverein.
Ob ich das klein' Flamingokind,
im nächste Jahre wiederfind?

Ungeteilte Freude

Sehr fies, meist kurz,
ein kleiner Furz,
den keiner recht vermisst.
Man hört ihn nicht,
was dafür spricht,
dass er sich anschleicht, ohne Frist.
Dann schaut ein jeder jeden an.
Hat *er* das oder *sie* getan?
Woher kam der gekrochen?
Es bleibt die ungelöste Frage.
Zu zweit, zu dritt, zu viert,
höchst ungeniert wird diskutiert,
dann wird die Suche abgebrochen.
Der Übeltäter peilt die Lage,
und überlässt den üblen Duft,
der fensterfrischen Luft.
In Blicken vorwurfsvoll,
fixiert er heuchlerisch die Runde,
fand seinen Galaauftritt toll.
Nach einer knappen Stunde,
man glaubt es kaum,
verlässt der Kunde,
voll Schadenfreude diesen Raum.
Zu guter Letzt,
wohl auch zum Trutz,
hat er im Gehen, nochmals kurz,
die neue Luft versetzt
mit einem Abschiedsfurz.

Urlaubsfeeling

Vom Flair der Meeresbucht durchdrungen,
wo schäumend Wasserkronen wogen,
bläst Wind aus aufgeblähten Lungen,
bis alle Wolken sind verzogen.
Ein Stück vom Paradies auf Erden,
hier könnt ich hundert Jahre werden.

Doch nicht, wenn raue Herbstgesellen,
entfesseln sandgetrieben Strände,
und Sturmtief rollt die Monsterwellen
gen Land, als meterhohe Wände.
Gedanken an die Urlaubszeiten,
sie werden heimwärts mich begleiten.

Wer Abschied kennt, wird es verstehen,
man spürt den Schmerz mit all den Sinnen.
Die Zeit birgt Kommen und auch Gehen,
lässt sanduhrgleich die Tage rinnen.
Es zieht mich hin, an Sommertagen,
an Strand und Meer, ganz ohne Fragen.

Vergänglich

Trist, das Welken der Natur zu sehen,
abgeschminkt erscheint sie ohne Pracht.
Alles grünt, wenn sie vom Schlaf erwacht,
Jahr für Jahr, ein Kommen und ein Gehen.

Altes schwindet, Neues liegt in Wehen,
so auch Wechsel zwischen Tag und Nacht.
Im Gemütshoch, wenn die Sonne lacht,
kann auch schnell das Blatt sich drehen.

Nach der Öde folgt ein Auferstehen,
hin und her geht es, je nach Saison,
Umbruchphasen kennen kein Pardon.

Kennen auch nicht Stillstand oder Flehen,
sie drapieren Wandel im Geschehen,
schlüpfen nach Bedarf aus dem Kokon.

Unter Zypressen

Gespenstisch wuchsen Schatten in der Abendsonne,
wie Bernstein legte sich ein Restlichtteppich auf das
Land.
An letzten Strahlen leckte kess die Nacht voll Wonne,
durchschimmerte im Gegenlichte dein Gewand.
Du zogst mich sanft mit deiner Hand
hinunter, unter meterhohe Meerzypressen.
Nie werde ich den Kuss vergessen,
zwischen immergrünen Fackelbäumen.
Beim Sternezählen rann die Zeit,
als unendliche Stunde,
das magisch weite Himmelszelt verleitete zum Träumen.
Im Glück entwich aus meinem Munde:
„Ich wünsche mir die Zweisamkeit für alle Ewigkeit".
Im Tiefenrausch genossen wir Sekunde um Sekunde.
Auf unser Liebeslager senkte sich die Nacht,
wie dunkle unfassbare Seide.
Für beide schien der Mond in voller Pracht,
als ob er uns bewacht und heimlich auch beneide.
Sein helles Silber hat uns fasziniert und inspiriert,
um ungeniert den Sinnen freien Lauf zu lassen.
In ersten Sonnenaufgangsstrahlen,
die leis, fast unbemerkt, sich durch gedrängte Zweige
stahlen,
war das spontan entfachte Feuer am Verblassen.

Verzockt

Sagt mir nie: „Du musst,
brich nicht Dinge übers Knie".
Das wird nie,
Resultat ist Frust.
Lust, falls sie kommt, verweht,
leg mich schnell,
auf mein Fell,
bis die Zeit vergeht.
Seht, ich geb mir Müh,
doch läuft immer alles schief,
weil ich ständig trief,
Eifer ich nicht grad versprüh.
Früh hab ich erkannt,
Arbeit, die macht krumm,
stell mich seither dumm,
bin dafür bekannt.
Unverbrannt, mein Egosein.
Einsamkeit und Gicht,
keiner mit mir spricht,
rutsch in Depressionen rein.
Allgemein hab ich frohlockt,
Fleiß und Regsamkeit verhöhnt,
vielfach zugedröhnt,
Nichtstun hat mein Glück verzockt.
Angelockt im Schlepp der Frust,
fort, die Energie.
Der da oben führt Regie,
Lust zu sterben hatt ich nie,
hör sogar von ihm: „Du musst".

Von null auf hundert

Ohne Atemholen, ausgelaugt und platt,
fast schachmatt, des Alltags satt.
Kraft hat sich hinweggestohlen,
kann vom Stress mich nicht erholen,
ganz egal, ob Sieg, ob patt.
Tausend Watt, die bräucht ich jetzt,
Energie fehlt an den Anschlusspolen,
Antriebsleistung sinkt gen null.
Niemand, der die Batterie ersetzt,
weder Hoffnungssprinkler, Seelenklempner,
noch hilft Flügelschlagen mit *Red Bull*.
Plötzlich, in Erinnerung,
projiziert mein Geist, witzig dreist,
mich, als Vollbluthengst, agil und jung.
Lustflut übermannt mein Wesen,
wie einst in der Pubertät.
Das Burnout-Syndrom verschwindet,
bin mental genesen,
wie mein Hausarzt findet.
Panik nach Entzugsdiät,
es kursieren Thesen, Antithesen,
dass in hochbetagten Jahren,
alles wär ab achtzig schon zu spät.
Altern in Enthaltsamkeit,
davor kann nur Gott mich wahren,
nichts ist schöner als zu zweit,
Herbstgefühl in Liebe zu erfahren.

Wider Willen

Stolzier, Weibesblicke erhaschend am Strand,
die Sonne brennt heiß,
was ich noch nicht weiß,
mein Körper verspricht einen Mordssonnenbrand.

Was nimmt man nicht alles für Schönheit in Kauf,
lieg schwitzend im Sand,
das Bier in der Hand,
so nimmt die Tragödie selbst ihren Lauf.

Bin krebsrotrot nach Stunden, schlief tatsächlich ein,
ich raffe mich auf,
ein kurzer Verschnauf,
setz langsam das eine vors andere Bein.

Heisch seltsame Blicke, nun gelten sie mir,
ich lächle zum Schein,
im Innern ich grein
und schuld daran war dieses siebente Bier.

Die lautstarken Vorwürfe find ich gemein,
schleich schwankend mich fort,
vom Pfuhl, dort vor Ort,
kein Flirt und kein Date, bleib' wie immer allein.

Kein Mensch hört den fluchenden Reueraport,
ich fall wie ein Stein,
ins Koma hinein,
der rettende Gott kam als Krankentransport.

Winteremotionen

Schneekristalle wirbeln federleicht, gelassen,
stundenlanges Reigenspiel im wilden Tanz.
Lichtreflexe zaubern filigranen Glanz,
Sinne können all die Bilder kaum erfassen.

Will vom Zauber keinen Augenblick verpassen,
heimwärts schreitend führt mein Weg vom Berg ins Tal.
Futtersuche wird den Tieren jetzt zur Qual,
haben wegequerend Spuren hinterlassen.

Glucksend trotzt ein Bächlein den Naturgewalten,
duelliert im Kampf sich mit Gevatter Eis.
Letztes Tageslicht entgleitet still und leis,
Stimmen trägt der Wind zu mir, noch recht verhalten.

Häusersilhouetten dünken wie verlassen,
in der Kälte Klauen ist erstarrt das Dorf.
Selbst im Moor gefriert der feucht getränkte Torf,
frostgeschwängert pfeift der Wind durch enge Gassen.

Seh verzückt der Schlote Rauch zum Himmel steigen,
mein Gedanke an die Wärme stimmt mich froh.
Feuer wird im Ofen brennen, lichterloh,
höre Kinderlachen, es durchdringt das Schweigen.

Weisheit

Glutheißer Sommer, Geschöpfe, sie stöhnen,
weit und breit Dürre, kein Wandel in Sicht.
Donner grollt fern, hört sich an wie Verhöhnen,
Wetterhoch stört der Natur Gleichgewicht.
Zeus hält im Bann noch das Nass und die Blitze,
macht sich bereit, für den Kampf gegen Hitze.

Tobender Himmelskampf zeigt die Gewalten,
die sich entladen mit grausiger Macht.
Luftmassen in dem Getöse erkalten,
Tag wird in pechschwarzen Wolken zur Nacht.
Pegelstand toppt die Markierung der Flüsse,
nächstes Extrem sind die Regengüsse.

Yin und Yang werden durch Menschen missachtet,
frevelnd zerstören sie ihr Gleichgewicht.
Ist erst Verstand nebst der Einsicht entmachtet,
stirbt alles Leben, die Einheit zerbricht.
Eines kann ohne das and're nicht leben,
Zukunft wird sich durch die Weisheit ergeben.

Monstermythos

Markerschütternd schrill, nicht leise,
Greise in Lumpen und Fetzen,
hetzen ein fliehendes Frauenzimmer.
Grauenerweckende Halbtodgestalten,
nichts kann sie halten,
selbst nicht Gewalten.
Schleppen ihr Opfer zum Galgen,
balgen sich dort um den Strick,
er war geflochten aus Algen.
Psychen sind irreparabel gespalten,
hängen das Weib.
Unter Gejohle bricht das Genick,
letztes Zucken im Leib.
Exitus zeichnet den Blick,
Lebensgeister entweichen,
schleichen zu Ihresgleichen,
Opfer modert dahin im Schlick.
Irrsinn stellte die Weiche,
es war Mord, kein Missgeschick.
Seelenberaubt steigt empor sie als Leiche,
wandelt im Mondscheinlicht
blutlos weiter, als Außenseiter.
Bleich ihr Gesicht,
Klagen voller Wut, ihr Wegbegleiter.
Schließt sich an, dem Untodreigen.
Himmelsgeigen schweigen,
sind verstummt.
Wer diesem Monstermythos glaubt, verdummt.

Zwischen Welten

Bin ich mal mit mir allein,
läuft mein Leben ganz normal.
Trift ich ab in Borderline,
wird die Scheinwelt mir zur Qual.
Geister spuken, jagen mich,
treiben Schabernack zuhauf.
Meine Psyche spaltet sich,
nehm es schizophren in Kauf.
Diese Krankheit hält mich fest,
wenn sie meinen Geist besetzt.
Wider Willen, trotz Protest,
hat sie längst mein Ich verletzt.
Wie ein Blitz, nur ohne Strom,
seh die Welt danach glasklar.
Leide unter dem Syndrom,
Heilung, für mich undenkbar.
Ich genieß die Wirklichkeit,
pfeif auf Geisterkram und Pein.
Lebensfreude macht sich breit,
Zeit für mich im Sonnenschein.
Weiß, es glänzt nicht immer Gold,
wenn das Dunkel es umhüllt.
Trotzdem ist das Glück mir hold,
hat manch Wunschtraum mir erfüllt.

Wesenswandel

Muss allein die Alltagsplagen
schmerzvoll tragen,
Kinderwunsch war beider Ziel.
Das wurd dir zu viel.
Hattest mir nichts mehr zu sagen,
außer klagen,
tatest stets, was dir gefiel.
Dorngestrüpp trennt unsre Wege,
Liebesstege
sanken ein im schweigend Eise.
Stumm und leise
brachst du aus, aus dem Gehege,
Kinderpflege
störte deine Lebensweise.
Blieb zurück, verdammt zum Warten.
Tiefe Scharten
graben seither Antlitzfalten.
Ungehalten
wächst der Tod im Liebesgarten.
Kinder warten,
Vaterpflicht bleibt dir erhalten.
Unverhofft ließ dein Gewissen
mich vermissen.
Mit gehissten Segeln,
fuhrst du ein im Heimathafen,
wider deinen Regeln.
Können fortan ruhig schlafen.
Sollst für immer wissen,
unser Band wird nie zerrissen.

Jahresendzäsur

Wenn Herbst sich im Revier ausbreitet,
schwebt buntes Laub auf weite Flur.
Durchwabert Nebel die Natur,
ist diese Zeit vom Tod begleitet.

Dem Winter wird das Bett bereitet,
ein Schritt zur Jahresendzäsur.
Des Nachts ruft Frost zur Eistortur,
von Unbarmherzigkeit geleitet.

Noch ist die Fauna nicht am Schlafen,
sie bunkert Nahrung im Voraus,
so überlebt nicht nur die Maus.

Manch Böen Kronenäste trafen,
als wollten sie die Schönheit strafen,
ergötzen sich am Blätteraus.

Werner Noske – Kappeln
Radierung, laviert 1982

Das letzte

DRABBLE

Finaler Schlag

Mit einer Maske vor dem Gesicht, knackt er das Schloss
an der Eingangstür der alten Villa.
Auf den Baseballschläger hat er bei seinen Brüchen nie
verzichtet.
Dunkelheit verhüllt den Eingangsbereich, den er vor-
sichtig schleichend betritt.
Die Pupillen waren noch nicht vollends an die Umge-
bung angepasst, als er plötzlich in der Nähe, eine graue,
sich vorsichtig bewegende Gestalt wahrnimmt.
Der wuchtig ausgeführte Schlägerhieb, gegen den eben-
falls Vermummten, lässt splitternd Glas bersten.
Im gleichen Augenblick geht im Hause Licht an, eine
Alarmglocke schrillt
und er bemerkt, den von ihm eingeschlagenen Gardero-
benspiegel, dem er die Schuld gibt,
dass der Coup voll daneben ging.

LIMERICKS

Ein Aal hat sich furchtsam verkrochen,
vor einem gar schrecklichen Rochen.
Der Frau in den Schoß,
die Panik war groß,
er hat jeden Anstand gebrochen.

♠

Herr Krause trat vor das Gericht,
aschfahl war sein fieses Gesicht.
Fing laut an zu weinen,
mit ihm auch die Seinen,
im Urteil hieß es: Vaterpflicht.

♠

Mein Bücherwurm kommt angekrochen,
las in meinem Buch schon seit Wochen.
Wie hat er gelacht,
bis spät in die Nacht,
ich hab ihm ein Neues versprochen

.

Werner Noske – Mt. St. Michel
Holzdruck 2010

Zombiegleich

Mein fast halbes Leben,
war stetige Reise,
doch Sicherheit schien es für mich nicht zu geben.
Ich irrte, wie zombigleich, immer Kreise,
fuhr ziellos des Tags immer weiter,
die Angst, als mein steter Begleiter.
Fand nächtlich zum Ankern ein Plätzchen im Hafen,
doch nirgendwo Ruhe zum Schlafen.
Logierte als Zaungast, mal hier, dann mal dort,
Warum trieb es mich endlos fort?
Lang wollt ich das nicht hinterfragen,
der Trost lag im Jammern und Klagen,
zu feig, etwas Neues zu wagen.
Wie konnte es sein, dass mich jemand verstand,
ich blieb, zarte Triebe ersprossen.
Es wurd mein gestrandetes Land,
ich fand,
das Schicksal, es reichte mir hilfreich die Hand.
Vertrauen, wir haben es reichlich gegossen,
fast wär es gestorben, verdorrt.
Seither zieht es mich nicht mehr fort,
fand spät erst den Hafen,
zum Ruhen und Schlafen.

Angstikonen

Gespielte Lust und Wonne,
nach Regengüssen Sonne,
im Mix der Lebenstonne.
Im Brillenrosarot,
kam Leben außer Lot,
Gefühle sind fast tot.
Die Einsamkeit ist meine,
das Lächeln nur zum Scheine
und Trost, er liegt im Weine.
Was grämt ist Hohn und Spott,
tagtäglich gleicher Trott,
Gedankenwelt ist Schrott.
Die Türen fest verschlossen,
das Jammern klingt verdrossen,
selbst Freunde sind verflossen.
Es schwächt das stete Wehren,
mein Glück muss Glück entbehren,
denn Seelenqualen zehren.
Das Rosarot ward dunkel,
im Ohrgeräusch Gemunkel,
spür Gleichgewichtsgeschunkel.
Verlier den Sinn vom Leben,
die Kraft fehlt, ihn zu geben,
möcht ins Nirvana streben.
Besetzt von Angstikonen,
die zwanghaft in mir wohnen,
leb ich in Depressionen.

Herzschlagecho

Ein Liebeslager hast du mir bereitet,
ich sinke, bis mein Haupt im Schoße ruht
und deiner dunklen Haarpracht reiche Flut,
wie weiche Seide durch die Hände gleitet.

Des Blutes schnellen Schlag kann ich belauschen,
in keuschem, doch begehrlich wechselfrohem Spiel,
führt stummes Einverständnis hin zum Ziel,
in Hochgefühlen, die zutiefst berauschen.

Die Sinne sind dem Augenblick geschuldet,
komm neige dich, empfang den sprudelnd Quell,
verheißungsvoll beginnst du das Duell,
wir haben lang Enthaltsamkeit erduldet.

Was sich auf sammetweicher Haut entzündet,
ist Feuer, das aus deinen Augen bricht,
mein pochend Herzschlagecho Bände spricht,
vom Gipfelsturm entspanntes Lächeln kündet.

Angriff aus dem All

Ein purpurroter Feuerstrahl,
entstahl, weil man es ihm befahl,
sich aus dem Spektrum Licht.
Ihm unklar selbst sein Ziel,
sein Erdbestimmungsland.
Geheim, die vorbestimmte Landungszahl,
kannt' selber die Mission noch nicht.
Indes ein Wesen heimwärts ritt, im Schwarzgewand,
beim Aufprall ihr der Besen bricht.
Postierte telepathisch ahnend einen Eisenpfahl,
direkt am Grill,
auf welchem Würstchen lagen.
Verschlagen, dieses Weib,
für sie nur Zeitvertreib,
dann wurd es still.
Man hörte Zaubersprüche sagen.
Sollt jeh das Strahlenphänomen es wagen,
daneben einzuschlagen?
Gedacht, schon war's passiert,
das Hunderttausendvoltgeschoss, es traf die Hex.
Zuerst perplex,
ward schwarz und auf der Stelle tot.
Lag da, wie frisch flambiert serviert.
Der autoferngesteuerte Pilot,
traf punktgenau ins Herz,
ihr Geist verließ sie purpurrot.
In tiefster Hungersnot,
kein Scherz,
war Beelzebub sofort zur Stell.
Die Wurst, sie mundete auch ohne Senf und Brot.

Barfalle

Die Damenwelt möchte ein Ständchen von mir,
vom Bier und dem Mann am Klavier.
Im Dreivierteltakt spiel ich dies meist exakt,
das Jagdfieber hat mich gepackt.
Es heißt, wer Klavier spielt, hat Glück bei den Frau'n,
sind Musiker rasch zu durchschau'n?
Ich lächle charmant, spitz die Lippen galant,
das Lied selbst, bleibt irrelevant.
Ein zwinkerndes Auge, ein schmachtender Blick,
das war schon seit jeher mein Trick.
Herrgott, bin ich gut, schür durch Spielen die Glut,
Erotik, sie liegt mir im Blut.
Nach stürmischem Beifall geh ich an die Bar,
mein Flirtsternchen folgt mir sogar.
Versunken beim Knutschen, nach sechs Gläschen Wein,
stürmt plötzlich ihr Macker herein.
Sofort bin ich nüchtern, bekomm einen Schreck,
erstarrt rühr ich mich nicht vom Fleck.
Grad so wie ein Stier, stürzt er wütend heran,
seh Sterne, recht bunt, momentan.
Ein Veilchen am Auge, viel Spott, dazu Hohn,
das war seine Absolution.
Lass trotz alledem das Piano nicht sein,
erhoff weiter Jagdglück im Damenverein.

Verkappte Nikoläuse

Sie hüllen sich geschickt in rote Kleider,
aus dem Gesicht quillt weiß der Bart heraus.
Kein Mensch erkennt die beiden Gaukler, leider,
es ist der kleine und der große Klaus.
Als Weihnachtsmann sind sie korrekt verkleidet,
erhalten Eintritt meist bei Dunkelheit.
Die Männerwelt hat sie so oft beneidet,
die Betten immer neu empfangsbereit.
Was ihnen wichtig ist, ihr Tannenzapfen,
beglücken Damen damit rings umher.
Man hört sie leis danach von dannen stapfen,
der Christmessabschied fällt so vielen schwer.
Die Frauen werden schmerzvoll sie vermissen,
schon Jahr darauf steht Klaus mit Klaus parat.
Wenn unterm Mantel sie die Zapfen hissen,
dann schmelzen Herzen nach Geschenkeart.

Karawane der Natur

Verzweifelt klingt des Winters Abschiedsklage,
die kalten Winde lang schon nicht mehr wehen.
Es sind die duftend blütenvollen Tage,
die mit dem Frühling durch die Lande gehen.
Ein Potpourri der Sinne, ohne Frage,
ich wollte, wenn ich könnt, die Zeit blieb stehen.

Auch diese Jahreszeit zieht rasch vorüber,
im Schlepptau folgt die gleißend heiße Sonne.
Ins Wasser springt behänd ein Kind kopfüber,
das Sommerhochgefühl, es flutet Wonne.
Saisonbedingt werden die Tage trüber,
es wallt ins Tal die Nebelgraukolonne.

Im Feld folgt wollig jedes Tier dem Schäfer,
in Brunft hört man des Hirsches Rufe schallen.
Vor Kälte suchen Schutz, nicht nur die Käfer,
der Sturm peitscht auf, Gewitterwolken wallen.
Wie in Hypnose fallen Winterschläfer,
die kalte Jahreszeit wetzt ihre Krallen.

Das Leben wird geboren, um zu sterben,
dazwischen liegt die Zeit, sich zu entfalten.
Es bleiben für die Nachwelt nicht nur Scherben,
aus Wissen lernen Junge von den Alten.
Der Tod schlägt zweifelsohne tiefe Kerben,
es gilt, den Nachlass sinnvoll zu verwalten.

Der ganz normale Wahnsinn

Autobahnfamiliendrama,
lang geplante Fahrt ins Glück.
Stop-and-go und kein Zurück,
schnell entlädt sich mieses Karma.
Kilometerstau am Stück,
nicht sehr weit sind sie gekommen.
Frust nährt Kinderquengelei,
aus dem Maulen wird Geschrei,
Mama ist davon benommen.
Plärrend nerven alle drei,
fernab lockt das Urlaubsziel.
Angestaut drängt Kloverlangen,
sehnsuchtsvolle Blicke, Bangen,
langsam wird der Druck zu viel.
Pull-Alarm hat angefangen,
rechts hinaus zum Autogrill.
Voller Hast, die fünf Gestalten,
Wechselsachen sollten halten,
trocken bleiben, so Gott will.
Fünf am Tisch sich frei entfalten,
Kabaflut erreicht die Hose.
Groß der allererste Schreck,
auch der braun getünchte Fleck.
Blass der Sohn, in starrer Pose,
letzter Hosentausch zum Zweck.
Weiterfahrt, trotz schlechter Sicht,
Navi muss zum Endpunkt streben.
Der war namensortsgleich vorgegeben,
falsche Auswahl kommt ans Licht,
wer verreist, kann viel erleben

Neuanfang

Wem ergeht es wie mir?
Bin entscheidungsgehemmt,
in so vielen alltäglichen Dingen.
Soll etwas spontan mir gelingen,
dann hat die Entschlusskraft geklemmt.
Kann selbst schlecht entscheiden,
ihr seht mich dann leiden,
was soll ich nur machen?
Könnt euch an mir weiden,
von mir aus, auch insgeheim lachen.
Ab sofort verpole ich Fragen mit Denken,
nehm mutig Entschlüsse in eigene Hand,
zerschneide das hemmende Band.
Es sollen Gefühle mich lenken,
die Zweifel sind fort - auseinandergestoben,
und Ratschläge könnt ihr jetzt anderen schenken.
Die Unsicherheit war mit mir engstens verwoben,
seh selbstbewusst lächelnd hinein in den Spiegel,
muss selber mich loben,
für Neuanfang bürg ich, mit Brief und mit Siegel.

Amen

schaut her wie ich frier
verlier meine Blüten
hüten wollte ich sie
nie unter Schnee sterben
wenn Frostgrade wüten
nach mir voller Gier
schau ich ins Verderben
vernichten gereiften Samen
Namen des Monsters, April
verwünsch seine Frühlingsreklamen
erstarre, verharre
um mich wird es still
mein Stoßgebet endet im *Amen*

Tiefblau auf Weiß

Gespeichert, alle Urlaubsimpressionen,
sie schäumen in meinen Träumen,
vermischen sich zu bunten Illustrationen,
als Vernissage in Räumen.
Seh weinberebtes Hausspalier,
vor weißgetünchten Wänden,
mit tiefblau integrierten Fensterläden,
davor sind Katzen, derer vier.
Halt fest die Sonne in den Händen,
geschwärzter Wald, durch Feuerschäden,
bis ich im Traum die Wirklichkeit verlier.
Blau weiß gestreifte Fahnen flattern,
hör leises Motorrattern,
in Booten fahren Fischer aus zum Fang.
Gegrillter Oktopus am Abend,
Taverne mit Bouzouki und Gesang,
hab schwerlich deren Namen buchstabiert.
Der Trunk vom Griechenwein, wie labend,
ein Hund hat sich hier einquartiert.
Zig Mückenschwärme schweben durch die Luft,
ein Quell ergießt sich sprudelnd aus der Felsenkluft.
Ich würd so gern dem Traume fliehen,
zurück ins wahre Urlaubsparadies.
Die Wechselbilder lassen mich nicht ziehen,
sind schlafend eingesperrt im Wirrwarrkopfverlies.

Gefühlsrausch

Zu schwer es zu malen, kann es nicht beschreiben,
die Worte versiegen, der Tag schluckt die Nacht.
Muss mehrfach vor Staunen die Augen mir reiben,
der Glanz früher Sonne hat Wunder erbracht.
Geh güldenen Strahlen des Morgens entgegen,
indessen tropft Tau von den Blättern, als Regen.

Die Sinne verfallen dem Floraspektakel,
zu Silber wird Spinnengewebtes im Licht.
Ich glaube an Wunder, an Zauber, Orakel,
mit tausenden Stimmen der Wald zu mir spricht.
Ein Raunen, ein Singen, ein friedvolles Tönen,
will huldigend weilen, den Taganbruch frönen.

Umgeben von Duft, nebulös, hocheuphorisch,
von Blumen auf Wiesen, vom Flair der Natur.
Ist alles nur Traum, ist der Traum realistisch?
Mit Lenzbunt beginnt die Erneuerungskur.
Geh heim in Gedanken, im Sinn bleibt der Morgen,
adieu ruf ich nach, den entflohenen Sorgen.

Liebe schafft Leiden

Ungebremst, dein Redeschwall an fiesen Worten,
Wahrheit kam ans Licht, die dich erbost.
Warst mit ihr und nicht mit mir an schönen Orten,
Schokolade und Pralinen sind kein Trost.
Weichst geschickt mir aus, auf ganz direkte Fragen,
ich werd durch dein Futter dick und fett.
Es wird höchste Zeit, dich aus dem Haus zu jagen,
sind ab heut getrennt von Tisch und Bett.
Wäsche waschen kannst du künftig auch alleine,
bin nicht zuständig für deinen Dreck.
Mach sofort, nicht morgen erst, dich auf die Beine,
Jammern ist zu spät, hat keinen Zweck.
Denkst, die heuchlerischen Tränen können grämen,
sind doch eh gespielt, nicht eine echt.
Lügst mir ins Gesicht, du solltest dich was schämen,
Geh mit Gott, doch geh, sonst wird mir schlecht.
Leb´ mein Leben zwischen Lieben oder Hassen,
spielst dich auf als großer Zampano.
Kann aus Liebesleidenschaft nicht von dir lassen,
wünschte, dir erging es ebenso.
Wenn du wirklich von mir scheidest, komm nie wieder,
doch bedenk, ich bin im Schmerz allein.
Küsse mich ein letztes Mal und schließ die Lider,
bleib bei mir, beende meine Pein.

Werner Noske

**„Kunst ist immer spannend, vor allem,
wenn man sie selber macht!"**

Werner Noske, Jahrgang 1944, begann seine künstleri-
sche Arbeit 1969 zunächst mit Aquarell – und Ölmalerei
sowie Federzeichnungen und Linoldruck.
Es folgten Radiertechnik und die Gründung der
WENO-Presse mit Handsatzbleischriften und einer
ASBERN-Andruckpresse.

Seine Werke findet man in Einzel- und Gruppenausstel-
lungen in verschiedenen deutschen Städten.

www.werner-noske.de

Danke

Mein herzlichster Dank gilt insbesondere denen, die mir bei der Entstehung dieses Buches hilfreich zur Seite standen.

Claudia Konrad für Satz und Covergestaltung.

Werner Noske für seine zahlreichen Werke, die hier einen Platz gefunden haben.

www.goldstadt-autoren.de
www.written-by-claudia.de

…*Weitere Werke*

„Sprudelnder Quell - Präsent in Reimen"
Band 1 - 4

Band 1:   ISBN 978-3-7347-7379-2

Band 2:   ISBN 978-3-7386-5673-2

Band 3:   ISBN 978-3-7347-3246-1

Band 4:   ISBN 978-3-7412-8805-0

Mit zeitgenössischem Geschehen und einem Gespür für
Gefühlvolles, Feinsinniges, Tiefgründiges
sowie Humorvolles.
Auch als E-Books erhältlich.

...lachBeschleuniger...

Humorgeladene gereimte Gedichte und Limericks.

ISBN 978-3-7460-6466-6
Auch als E-Book erhältlich.